바람의 길

민병도 시조집

목언예원

이 도서의 국립중앙도서관 출판예정도서목록(CIP)은 서지정보유통지원시스템 홈페이지(http://seoji.nl.go.kr)와 국가자료공동목록시스템(http://www.nl.go.kr/kolisnet)에서 이용하실 수 있습니다.(CIP제어번호: CIP2017010493)

바람의 길

지은이 · 민병도
펴낸이 · 민병도
펴낸곳 · 목언예원

초판 인쇄 : 2017년 5월 1일
초판 발행 : 2017년 5월 5일

목언예원
출판등록 : 2003년 2월 28일 제8호
경북 청도군 금천면 선바위길 53 (신지2리 390-2)
전화 : 054-371-3544 (팩스겸용)
E-mail : mbdo@daum.net

ISBN 978-89-94733-55-5 03810

가격 : 10,000원

바람의 길

민병도 시조집

목언예원

■ 시인의 말

무릇 이 땅의 모든 꽃들과 나무들이 그러하듯이 나 또한 생각이 버거우면 그 생각을 내려놓고 마음이 허전하면 다시 그 생각의 옷을 입어왔다. 하지만 나는 아직도 시조라는 옷만큼은 벗지 못하고 있다. 아마도 버거운 줄도 모르거나 벗는 법을 모르는 게 아닌가 싶다.

주제넘게도 있지도 않은 독자들의 입장까지 함부로 배려하면서 '인쇄 문화의 시각적 특성에 걸맞은 배행' 운운하면서 시조 본령의 매무새나 품격을 훼손해 온 지난 시간들이 부끄럽다. 정형시 천년의 도도한 흐름을 거스르지 않도록 다시 출발선상에 서야 하리라.

문단에 나온 지 40년이 훌쩍 지났지만 기고만장하던 사유나 통찰의 시는 고사하고 사색의 빗장에도 늘 가로막힌 채 대책 없이 열다섯 번째의 창작시집을 묶는다. 그저 비재를 탓할 따름이다.

2017년 5월

민병도

CONTENTS

바람의 길

— 민병도 시조집

01 만파식적

만파식적萬波息笛

허구한 날 풍랑에 찢겨 빈 배로 돌아오던
아버지의 화풀이도 병상에서 끝이 났는지
한 생애 오롯이 품을 피리를 깎으셨다

입을 잠가 몸 비우고 말리기를 석 달 열흘,
이윽고 피리구멍처럼 붉은 구멍이 뚫리고
아무도 들어본 적 없는 금빛 소리가 새나왔다

때맞춰 마른 번개가 지나는가 싶더니
천 길 고요 안에 향기로운 잠이 오고
아버지 낮게 웅크려 하얀 바람이 되셨다

일지암

두륜산 꺾인 허리 띳집 얽어 달을 걸면
달빛 한 평, 적막 두 평, 훔쳐갈 이 없어도
청댓잎 머리 조아려 일제히 번을 선다

찻물 끓는 소리에 동백꽃 붉어지는
마당가 작은 연못에 좌탈座脫한 백련 꽃대
화엄의 뼈를 수습해 바람 흩고 있었다

법이란 일으키고 또한 저리 끓리는 일
다승茶僧은 차를 덖어 섬으로 떠났는지
굴뚝새 방금 날아간 빈 가지에 해가 진다

초의艸衣의 새벽 편지

—완백阮伯에게

한 며칠 토막잠에 그대 꿈을 꾸었더니
붓끝마다 피가 끓는 편지 그예 받는구려
적거지 만리 파도가 시퍼렇게 저며 있는

세한의 바닷바람 외투처럼 덧껴입고
유마경을 베고 잔다 소치 편에 들었거니
와중에 종경신편宗鏡新編을 겨뤄보자 했다지요

완백阮伯이여 차茶가 없어 병이 났다 했더이까
조선의 살내 깊은 백아白芽 몇 봉 덖었거니
유천乳泉의 새벽 물소리 덤을 얹어 보냅니다

소쇄원

길은 잠시 머리 숙여 대숲 아래 조아리고
얼마나 앓았던가 오곡문 야윈 물소리
줄 터진 조선 거문고 신음소리 달랜다

바람이야 시나브로 댓돌이나 닦는다지만
묵은 빨래 헹궈 널듯 제월당에 앉노라면
소쇄옹 마른 벼루에 먹을 가는 낮달 하나

생각을 내려놓으면 마음은 만리장천,
뱁새로 살면 어떻고 황새로 살면 어떤가
청매화 맑은 향기가 잠든 산을 깨운다

뿌리의 영접

다산초당 들머리서 뿌리의 영접을 받네
이순이 될 때까지 여직 뿌리내리지 못한
내 무딘 발걸음 앞에 공손히 납작, 절하는

임금님 친구 다산茶山, 이름마저 겨운 사람
무겁고 아픈 걸음 흙이 묻지 말라고
허공에 깨금발 돋워 엎드렸을 그 뿌리

빈 집

–권정생

빈 쌀독 긁다 말고
강아지 똥 주우러 갔나

허리 한번 펴지 못한
슬픔은 웃자라도

아무도 녹슨 낫 꺼내
베어내지 못한다

지심도 동백

그대여, 지심도 가면
외롭단 말 하지마라

아무리 둘러봐도
천 리 먼 길 물의 감옥,

차라리 생목을 꺾어
투신하는 동백 앞에

용장사 마애불

한 다발 꽃을 바쳤다
빙그레 웃었다

죄를 반만 털어놓았다
또 빙그레 웃었다

눈물로 길을 물었다
빙그레 웃기만 했다

신수도新樹島

삼천포 바다 건너
은빛 너울 너도 건너

막배가 방금 떠난
진달래 굽은 길로

날개옷 잃은 천사가
빈 집 찾아 가는 섬

세한도歲寒圖

싸락눈 사각사각 먹물마저 얼어붙어
꼭두서니 깨워주던 새소린들 들렸으랴
적막에 턱을 괴고서 잠 못 드는 섬 하나

분노야 내려놓으면 달빛처럼 가벼워서
소나무 늙은 그림자 빈 초당을 기웃대고
물결도 울음을 삼켜 수평선 베고 눕는다

해는 하마 중천인데 마음 아직 캄캄하여
촛불을 켜는 대신 마른 붓을 달래는가
먼 바다 건너온 바람, 먹빛 앞에 푸르다

떠나오지 않았으니 돌아갈 곳도 없어
유마경 덮어놓고 혼자 읽는 불이법문,
모슬포 저문 바다에 붉은 눈이 내린다

바람의 길
—용장사에서

길을 들고 길을 떠돈, 그는 바람이었다
필사본 책갈피에 붓 한 자루 끼워 넣고
궐밖에 대꽃 피는 날 돌아오마 떠난 바람

벼룻물에 달이 뜨면 매화꽃이 필거나
먹장삼 덧껴입은 용장골 빈 새벽에
불 꺼진 낯선 왕조의 촛대로나 잠시 앉은

어쩌면 처음부터 놓쳤는지도 몰라라
창칼로는 갈 수 없는 신화*와 늙은 짚신
꿈이야 뜯다만 실밥, 끊어져서 쌓인다

풍경이 울어울어 눈은 자꾸 내리는데
도열한 댓잎 사이로 마음 먼저 떠나간다
먹물이 마르지 않은 책 한권 남겨두고

*매월당 김시습은 용장사에서 최초의 한문소설 금오신화를 저술하였다.

조선 소나무

조선의 저 야윈 비탈, 목이 붉은 소나무
일필로 내달리던 붓 꺾어 어깨에 메고
덜 아문 도끼 자국을 솔잎 당겨 덮는다

치를 떨던 관솔공납*, 난도 당한 아랫도리
무엇이 부끄러워 상처 저리 가리울까
구불텅 치민 몸부림 뜨겁게 껴안은 채

꽃사위에 눈을 감고 북소리에 귀를 닫아
달빛마저 물리더니 봄은 왜 기다리나
답 없는 물음을 닦아 시퍼렇게 눈을 뜨나

*일제는 조선강점기에 연료 확보를 위해 조선의 소나무를 상처 내어 송진을 공납하도록 강제하였다.

자로字路
—면암勉庵 생각

촛불이 아니어도
잠 못 드는 길이 있다
함성 저리 물리고
들풀로나 앉았다가
먹물로 새벽을 깨우는
서슬 퍼런 길이 있다

호루라기

선생님의 호루라기가 운동장을 호령할 때
나는 공책 값으로 호루라기를 샀었다
칼로도 이기지 못할 권력이라 여기며

꽃잎 하나 쓰러뜨릴 회초리도 아니지만
호루라기를 불때마다 내 어깨는 으쓱했다
호르륵 호륵 호르륵, 조아리던 산과 들

쫓기고 끌려가도 무릎 한 번 꿇지 않고
험한 세상 떠돌다가 내 잠결에 돌아온 이 밤
녹두 빛 새벽을 깨우던 새소리로 울고 있다

나팔꽃 시편

전생 어느 피난길에 놓쳐버린 이름일까
소리쳐 다가서면 차라리 낯이 설고
피 말린 붉은 조바심, 새벽잠을 깨우는

하나 둘 흩어져서 제 길 가는 소리 뒤에
몸짓만 혼자 남아 아파본 이야 모를까
저 멍든 그리움조차 저며 오는 칼날임을

상처를 가린다고 아픔마저 가려지랴
벌레소리 굽은 길가 딸꾹질로 앉았다가
짓무른 시간의 화농, 햇살 걸어 닦는 꽃

독도

두 눈을 부릅뜬 채 꿈을 꾸는 섬이 있다
그리움도 발이 저린 수평선에 턱을 괴고
함부로 잠들지 않는 영원한 아침이 있다

간담을 파고드는 파도의 드센 칼날에
온몸을 베이고도 하나도 베이지 않고
수줍게 미소를 띠는, 천치 같은 섬이 있다

누가 풀 한 포기 함부로 넘보는가
팔 할을 물에 묻고도 조국은 목이 타는데
날마다 새벽을 깨워 묵도하는 섬이 있다

이상화

죽어서 죽지 않은 그는 아픈 바람이었다
무시로 꺾어지고 목 졸리는 배역에도
차라리 침묵이 고운 깃발이고 싶었다

천개의 길을 버리고 천개의 꿈을 택한
그를 기다리며 아내 홀로 지키는 집,
때로는 낮달로 와서 사다리를 내리던 이

차마 늙지 않으려고 서둘러 떠난 그대
빼앗긴 들에 남아 울지 않는 꽃이 되었다
날마다 숨결 뜨거운 뼈가 하얀 민들레

수성못 시편

날개 잃은 사람들은 해 뜨는 마을로 가네
가서, 가슴 한켠 사연 깊은 못을 막아
머리에 벚꽃을 꽂은 오리 배를 띄우네

서로를 뿌리쳐 온 아픈 다리를 풀고
두런두런 모여앉아 놓친 시간 돌아보지만
아무도 차마 그 아픔 물어보지 못하네

시간은 누구 편일까 물어도 보기 전에
스스로 깊어지는 나무들의 긴 그림자,
돌아갈 길을 물리고 물이 되어 일렁이네

02 물소리 법문

수평선

시작도 끝도 없이
다가서면 더욱 모를

너와의 거리만큼
아니 간 듯 지나친 듯

함부로 넘겨짚었던
읽다 만 편지 한 줄

흔들리는 꽃

자꾸 흔들린다고
너의 어깨 탓하지 마라

너만 흔들린다고
불안해하지도 마라

바람을 목에 감아야
춤을 추는 꽃 좀 봐라

포행布行

혼자 걷는 길 끝에는
내가 버린 내가 있다

9할은 물에 잠기고
나머지도 바람인 섬,

그 섬에 혼자 남겨진
널 만나러 떠난다

월인설법月印說法

목소리가 철사 같은
노스님이 설법하신다

서산에 달 진다고
애먼 달 탓하지 말고

마음에 물이나 채워
그 달 잡아 두라는

하류下流

차라리 큰 울음은
소리 내지 않는다며

물살이 목을 풀어
읽어주는 장자 내편,

밟히고 다시 밟혀도
밟힌 흔적 하나 없네

내 안의 적敵

지는 해와 벼린 칼날
마른 붓 앞에서도

언제나 우리는 하나,
철석같이 믿었거니

고까짓 5 · 8지진 앞에서
날 버리고 튀는 너는

빈 배

하루치 짐을 부린
빈 배가 되고 싶다

바람이 올라타면
대금 하나 꺼내놓고

달빛이 내려앉으면
가얏고를 펼치는

산골散骨

어디서 무엇이 되어
다시 우리 만날까*

다시는 짐 풀 일없는
지상의 마지막 이사

숨어서 꽃 읽던 바람도
슬그머니 책을 덮는다.

*주) 화가 김환기, 시인 김광섭의 작품에서 인용된 문장이지만 원래는 고갱이 타이티에서 그린 마지막 작품「우리는 어디에서 왔는가 우리는 누구인가 우리는 어디로 가는가」에서 차용되었다.

봄, 마애불

진달래 환한 날에
슬픔마저 환한 날에
읽던 경을 물리고
목을 빼고 앉은 부처,
저만치 인기척에 놀라
가부좌를 고친다

하류下流에서

세상 어느 성자가
소리 내어 경經을 읽던가

굽이굽이 구겨진
물소리를 죄다 펴서

내 허물 감싸고 남을
비단 필을 짜느니

바람 화법畵法

생각마다 때가 묻어
붓을 놓고 뜰에 서면

기다린 듯 덧칠하는
가을바람 고운 붓질,

화법畵法을 버리고서야
장탄식을 얻는구나.

강의 법문

물에 밟혀 부서진 길
온몸으로 껴안고서

아픈 우리 이야기를
풀었다가 다시 조이며

가다간 울음도 섞어
키 낮추는 저 노래

발자국

숨겨주지 않는다고
네 발자국 탓하지 마라

도도히 흐르는 물의
시퍼런 발자국 봐라

상처가 드러난다손
두려울 게 뭐 있느냐

풀꽃과 마애불

상처 입은 바람이
천 년을 세 들어 사는

남산 마애불 귀에
붉게 핀 풀꽃송이

부처의
헤진 법의를
제 옷 벗어 덮는다

설마

느닷없는 바람 불어
꽃 모가지 꺾어져도

'왜 하필 나였냐'고
애먼 봄 탓하지 마라

그 설마 바람이라고
너만 따로 노렸겠느냐

물소리 법문

못다 푼 매듭 하나 목을 죄는 깊은 밤
잠 안자는 강에 나가 물소리를 듣는다
울음을 울음에 묻고 지나온 길을 버리는

듣는 이가 없어도 조올졸 지줄지줄
모를 깎고 살 저미는 작심마저 훔쳐 듣는다
제비꽃 무릎을 베고 달빛이 잠들 때까지

생각느니 내 언제 나를 꺾어 보았던가
공연히 발이 저려 뒷걸음질 치다보면
자꾸만 제 몸 되밟아 길을 내는 물소리

늪

가시 박힌 발자국이 붉게 찍힌 수면 위로
민낯의 물뱀 한 마리 고방오리 좇아가는,
생과 사 숨이 막히던 우포늪만 늪이 아니네

실직을 숨기느라 착하게 집을 나와
길이 끝난 지도 위에 신발을 벗던 그 날,
물속을 걸어 나와도 젖지 않던 달빛이라니…

수북이 쌓여있던 정보지를 뒤적거려
'경력우대' 쪽지 찢어 신발 끈을 묶는 아침
간신히 늪을 벗어난 나는 또 맨발이다

이순耳順

누군가 버리고 간 길 한 토막 물에 빠진
날 저문 샛강 가에 낯선 새와 마주 앉아
어린 날 불어두었던 호드기소리 듣는다

꿈마저 꿈을 속인 잘려나간 필름 한켠
잃어버린 시간 뒤의 벌거벗은 꽃대궁처럼
앙상한 아랫도리가 속절없이 흔들린다

나는 내가 너무 멀어 안부를 묻는 대신
물소리를 가득 실은 빈 배 띄워 보낸다
흘러가 닿는 그대로 섬이기를 바라며

달빛 읽기

길 잃은 바람끼리 노숙을 서두르는
꽃 이운 빈 뜨락에 한 그루 매화로 서서
달빛의 은빛 가위질, 밤 깊도록 읽었다

가는 길이 멀다 하여 잠 안자는 물소리와
상처를 이기려는 풀벌레의 파닥거림,
그 곁에 귀를 낮추는 신의 뜻도 함께 읽었다

비워라 아파 마라 애먼 이름 내려놔라
넘길수록 목마른 책, 발문跋文은 누가 썼나
지상엔 없는 글자라 끝내 읽지 못했다

03 오직 한 사람

오직 한 사람

세상의 모든 꽃이
내 것일 필요는 없다

세상 모든 사람이
다 내 편일 필요도 없다

눈 감고
서로를 보는
너 하나도 너무 많다.

봄비

받침도 빼먹은 채

삐뚤삐뚤 써내려간,

가다간 힘도 부쳐

그리움에 주저앉아

창가에 몰래 두고 간

어머니의 짧은 편지

그리움

네가 떠난 자리
이름 모를 씨앗 하나

물 한 방울 없어도
가슴 한켠 뿌리내려

비라도 내리는 날엔
잎이 자라 파랗다

모닥불

조금만 멀어져도 오소소 시리다가

함부로 다가서면 마음 자칫 데이는,

사랑도 뜨거워지면 간격이 필요하다

눈물의 농도

아버지 미소가 환한 빈소에 둘러서서
나누어 갖지 못한 시간들을 되감다가
저 문밖 통곡에 놀라 등뼈 곧추 세웠다

끼니 들러 시집보내 어려서 떠난 고모
연필 대신 호미 쥐켜 눈물이 밥이던 누이
체면도 아랑곳없이 이승 문간 다 울린다

상처를 감출만한 마음의 붕대도 없이
못 배우고 못 가진 설움, 형색마저 남루한데
어째서 저들의 눈물이 더 뜨겁고 더 진한가

민 사장의 18번

추적추적 비가 오는 포장집 불빛 너머
십 년 째 연습 중인 민사장의 또 그 18번,
마지막 잔이 비고도 끝이 날 줄 모른다

나흘밖에 안된 고긴데 먹기가 좀, 찝찝해요
버리자니 아깝고 개 주자니 불안하고
쯧쯧쯧 그 칼거 머 있노 판식이 먹이바라

내 나이 겨우 열두 살, 세경 없는 머슴살이
개보다 못한 놈이 천행으로 그 말 엿들어
맨발로 집 뛰쳐나와 개로 살다 늙은, 개 됐소

낙엽의 시간

가을바람 길 서두는 동구 밖 정자 위에
아파서 곱게 마른 낙엽 몇 나뒹군다
서로를 어루만지며 혹은 몸서리치며

동원탄광 막장에서 팔을 잃은 박 씨 노인
월남 캄란전투 때 고엽제를 맞은 손씨
맞장 칠 상처가 없나 등뼈 슬몃 훑는 장씨

정녕 아프지 않고 어찌 곱게 물이 들랴
한 때는 별이 머물던 눈자위를 기웃대며
저물던 햇살 몇 올이 길을 잠시 멈춘다

소나기

아직도 씻어내야 할 딸꾹질이 남았는지
바가지로 퍼붓는 목포댁 저 욕지거리
일제히 저항을 멈춘 아랫도리가 질펀하다

사이다

심장을 비껴 꽂힌
큐피드의 화살 같은

싹둑, 엉킨 그물을
잘라주던 칼날 같은

아픔도 사랑한다던
첫사랑의 거짓말 같은

풀 한 포기

공손한 풀 한 포기
함부로 밟지 마라

저를 밟는 신발마다
향기 친친 감아주고

날마다 죽어서 사는
천치 같은, 에미 같은

갈증

하루 종일 비를 맞거나
아흔 아홉 잔술로도

끌 수 없는 불이 있어
연기 없는 불이 있어

하얗게 타들어가는
속수무책, 기름 심지

폐선 2

하마 날 저물어
남은 길 다 잠갔는데

되 남짓 별빛을 싣고
뒤척이는 폐선 한 척

버려진 줄도 모르고
밤을 꼬박 세우네

달문

소 팔러 간 아버지는
통금通禁 걸려 못 오시나

자빠진 삽짝 너머
달이 밉던 그 날처럼

이 밤 또 눈시울 붉혀
달문을 연 어머니

*달문 : 달무리의 방언

크레파스

새하얀 도화지에 줄을 긋고 칠을 합니다
낯선 새 한 마리 포륵포륵 날아와서
숨겨온 긴 목청 뽑아 봄을 불러냅니다

새소리 사이사이 맑은 냇물 흐릅니다
그 냇물 따라가면 풀꽃 고운 작은 마을
동구 밖 마중 나오신 어머니가 있습니다

우리들은 크레파스, 색도 꼴도 다릅니다
서로의 빈자리를 알록달록 채우다보면
세상엔 없는 나라가 꽃등 환히 켭니다

우리 다시 별이 되어

–청도 화랑정신의 발상지에서

물소리 뒤척이는 운문산 외진 새벽
꽃씨 하나 떨궈서 온 세상 꽃밭 일구듯
천년의 길을 밝히신 말씀 하나 있었네

나라에 충성하고 부모에게 효도하며
믿음으로 벗을 사귀되 전쟁에서 후퇴 않고
살생을 가려 하라는 원광스님 세속오계

물방울 하나둘 모여 강이 되고 바다가 되듯
뜨거운 가슴가슴 횃불처럼 일어나서
마침내 하나 된 나라, 통일반도 이루었지

천년이 지난 지금 화랑도 신라도 가고
남과 북 총을 겨눈 분단의 조국 앞에
너와 나 손에 손 잡고 일어서야하지 않겠나

마음에 꽃씨 심고 통일을 꿈꾸면서
우리 다시 별이 되어 내일을 불밝히면
마침내 동방의 등불, 온 세상을 다 비추리

04

빈들의 시

빈들의 시
아직도, 꽃
봄바람
겨울비
묵죽墨竹
필사筆寫
겨울 강에서
한 때, 꽃 2
대숲의 시
잡초
귀뚜라미
하현下弦
홍매 3
소나무
하늘 교과서

빈 들의 시

깃 다친 새 한 마리 더 이상 찾지 않는
빈들에 홀로 서면 해가 저문 사금파리,
낮달이 잠시 두고 간 굽은 길을 지킨다

여기, 꿈은 자라 쑥물보다 깊은 날에
횃불을 치켜들고 서로를 끌어안아
칼날도 두렵지 않던 힘의 한 때 누가 알리

지금은 메마른 땅, 부릅뜬 별도 죽어
뼈마저 어스러진 풀잎에게 안길 때
바람만 빈 콜라병 속의 야윈 노래 꺼낸다

아직도, 꽃

손잡아 주지 않아
지치고 불안해도

고개를 숙이거나
함부로 주저앉지 마라

아직도 수많은 봄이
네게 남아 있으니

봄바람

파릇파릇 새싹 밟을라
절뚝이는 햇살 앞에

신고 온 고무신 한 짝
벗어던진 봄바람,

매화꽃 버는 소리에
남은 신발 또 벗는다

겨울비

하늘에 귀가 있어
소문난 침이 있어

꽃 이운 빈 대궁에
적막 한 채 지어놓고

이 강산 만성불면증,
아리아리 꽂는다

묵죽墨竹

소리 없이 우는 법은
언제 다 배웠는지

잎새마다 일어서는
역심逆心을 주저앉히고

달빛에 벼린 날 재워
새벽을 홀로 묶나

필사筆寫

때늦은 숫눈 내려 길이 갇힌 한지 위에
청묵靑墨 풀어 모셔 온 퇴계 선생의 매화시편,
만 리 밖 천둥 따라와 가지마다 피가 돈다

젖은 먹물 행간 골라 신열로 벙그는 꽃
열 번에 열 번 읽고도 왜 여태 몰랐을까
칼보다 푸른 향기에 붓을 도로 놓는다

겨울 강에서

기다림의 실밥 같은 겨울 강은 강이 아니다
하얗게 잠 못 이룬 적소謫所의 차디찬 방
바람을 뼛속에 잰인 거문고의 터진 줄이다

노을이 등 뒤로 와 언 손을 잡는 사이
반추상 목판화였나 청둥오리 울음, 붉다
물소리 저도 아픈가 갈잎 뒤에 숨는 밤

한 때, 꽃 2

물속을 걸어와도 젖지 않는 햇살처럼

너는 견줄 데 없는, 눈부신 꽃 한 송이

하지만 꽃을 버리고 열매를 섬겨야하는

대숲의 시

너를 만나면서 마른 울음을 배운다
눈 덮인 유배 길을 저벅저벅 걸어가서
칼끝에 저며 둔 달빛, 칸칸마다 가두는

잡초

이리 저리 밟힌다고
함부로 얕보지 마라

지고도 지지 않고
베이고도 베이지 않는,

누천년 지킨 영토의
가슴 뛰는 저 숨소리

귀뚜라미

편지를 읽는 걸까
법구경을 외는 걸까

아님 또 무슨 기도로
가을밤을 지새우나

날 새면 무너지고 말
저 만리장성 어쩌나

하현下弦

자꾸만 멀어져가는
야윈 모습 보면서도

네가 그리움인줄
내 미처 짐작 못하고

왜 자꾸 손을 흔드나
돌아보면 없는 네게

홍매 3

깨금발로 오는 봄의
발소리에 잠을 깨어

달빛에 미행당한
그 발자국 따라가면

누굴까
붉은 꽃잎에
눈물을 숨기는 이

소나무

돌아서지 않으려고
처음부터 길을 버렸다

진실로 귀한 말씀은
입에 담지 못한다며

뼛속에 울음을 가둔
붉은 경전 한 구절

하늘 교과서

가난을 가르쳐준
늙은 저녁상 위

머리 맞대 짜낼수록
적자 깊은 가계부여

차라리
하늘 교과서,
별을 꺼내 읽는다

05 낙동강

낙동강

눈 밝은 사람조차 요량할 수 없는 날에
반도의 정연한 뼈 서쪽으로 눕혀놓고
가슴에 서늘히 닿아 옷을 벗은 강이 있다

홀연히 나선 길에 꺾어지길 수수만년
낮게낮게 엎드려서 자존마저 짓밟아서
사람과 마을 사이를 가로질러 흐르는 강

막히면 돌아가서 다시 외는 경전처럼
뉘에게도 이기지 않고 뉘에게도 지지 않는
모두가 눈으로 보면서 아무도 보지 못한 강

더러는 고운 새와 붉은 꽃의 유혹에도
찰라의 미동도 없이 눈길 주지 않은 채
돌아서 아픈 시간을 몰래 닦는 강이 있다

원경遠景

곁에 있을 때는
왜 진작 몰랐을까

한사코 고개 돌렸던
네 상처가 향기였음을…

멀리서 바라다보는
뒷모습이 눈부셔

바람 읽기

바람을 읽으려고
읽던 책을 덮었다

첫줄부터 난해하여
행간에 갇힌 사이

잽싸게 그 바람 읽어낸
찔레꽃만 이가 희다

저녁 강

침묵이 큰 소리임을
저녁 강을 보면 알겠네

일생을 결박했던
울음에서 잠시 나와

가만히
뒤를 따르는
저 물소리, 붉은 혀

입춘

볼 야윈 새 한 마리
앉았다 간 빈가지 끝

참아온 미소처럼
매화꽃이 터진다

도대체
어떤 경전을
읽어주고 간 걸까

해바라기

집을 잠시 비운 사이
해바라기 심어두고

그 꽃이 피기 전에
먼 길 가신 어머니

태양을 목에 두르고
빈집 홀로 지키시네

풀꽃

네가 처음 내게 올 때
한 떨기 풀꽃이었다

분바르지 않아도
온몸에 가득한 향기,

상처가 생길 때마다
분에 넘친 선물이었다

낙화

환한 벚꽃 그늘에
팔베개로 누웠더니

함부로 몸을 들킨
부끄러움 이기지 못해

산산이 제 몸을 던지네
눈을 자꾸 가리네

내일은

내일은 꽃이 핀다 함부로 말하지 마라
오늘 씨앗 뿌려 가꾸지 않은 꽃을
기다려 백년이 간들 무슨 꽃이 피겠는가

내일은 탑이 선다 그 또한 말하지 마라
오늘 돌을 깎아 쌓아가지 않은 탑이
꿈처럼 하늘 드높이 세워질 리 있겠는가

잡초에게

뽑으면 뽑는 대로
뿌리째 들려나가

혀가 말라 뒤틀린 채
너는 왜 지기만 하나

무저항 평화주의자처럼
지고도 끝내 이기나

나목裸木

산문에 들어서던
그해 봄은 다 잊었나

햇빛서책, 달빛경전,
미처 다 읽지 못한 채

한 생애 바람에 흩고
서느런 몸, 벗다니

꽃

비단필 두른다고
어찌 모두 꽃이랴

에민 나비를 홀릴
향기 훔쳐 뿌리지 마라

내일을
품지 않으면
암만 고와도 꽃이 아니다.

강

물에 밟혀 부서지면 그 상처는 강이 되지
마
주
보
고
달
려
가
는 세상 불길 재우다가도
때
로
는
역
류
를
꿈
꾸
며 천년 좋이 훔쳐내는

초설初雪

잊었나 싶었는데
잊고도 싶었는데

차라리 백지로 보낸
수 천 통의 그대 편지

되가웃, 훔치다 들킨
그리움만 환하다

처서

귀뚜라미 밤 새 울어
하얗게 지샌 아침

가을을 실어다준
나루터로 나갔더니

간밤에 배 떠났다며
갈꽃 울컥, 붉었다

아뿔사

기차는 천안 지나 대전이 지척인데
아뿔사, 서울역 화장실에 두고 온 가방,
속 태워 안달할수록 멀어지는 거리여

십년 벼른 반지하며 지갑도 지갑이지만
낯선 공포에 갇힌 낭패 앞에 생각느니
나 또한 누군가 두고 간 빈 가방이 아닌지

06

작품해설

역사와 자연과
예술에서 길어 올린
정형미학의 한 극점

/유성호

역사와 자연과 예술에서 길어 올린 정형미학의 한 극점

유 성 호 | 문학평론가, 한양대학교 국문과 교수

1.

오랜 양식적 변형과 계승을 겪으면서 오늘날에 이른 시조時調는, 정형 양식으로서의 견고한 성층을 통해 자신만의 함축과 절제의 원리를 순일하게 지켜왔다. 다양한 해체 지향의 원심적 확장 경향이 부박하게 떠도는 우리 시대에, 시조는 구심적 동일성의 미학을 지속적으로 지켜옴으로써 자신만의 독자적인 길을 걸어온 셈이다. 그래서 우리는 오늘날에도 시조를 통해 오롯한 정신적 기품과 세계의 원초적 통일성을 탐구하고 복원하는 고전적 상상력을 충일하게 경험할 수 있었던 것이다. 그렇게 시조는 형식에서의 정형성과 내용에서의 고전적 주제를 충실하게 결속한 형상으로 자기 개진을 이루어왔다고 할 수 있다. 이는 시조가 시인 개인의 자율적 경험뿐만 아니라, 정형적 율격과 전통적 시상詩想의 완결성을 충족시키는 본령을 지켜왔기 때문에 가능했던 일일 것이다. 물론 고시조가 현대시조로 이월하면서 다양한 형태나 내용들이 시조의 외연을 확장해온 것은 사실이지만, 그럼에도 시조의 근간이 정형성과 고전적 주제에 있다는 사실이 크게 바뀌지는 않는다. 특별히 시조는 형식에서의 원심적 파격을 좀처럼 허락하지 않으며, 정형성의 유지와 강화가 시조의 시조다움을 지키는 중요한 길이었음을 여러 모로 증언해온 터였다.

민병도 시인의 신작 시조집 『바람의 길』(목언예원, 2017)은, 등단 40년을 훌쩍 넘긴 우리 시조시단의 중진이 들려주는 정형미학의 한 극점이라고 할 수 있다. 그만큼 그의 시조는 세속의 번다함으로부터 벗어나 고전적 세계를 구축하면서도, 정형성의 근간을 빼어나게 견지하는 시적 경험 속으로 우리를 이끌어 들이고 있다. 사실 민병도 시인을 빼고 1980년대 이후의 우리 시조를 설명하기란 거의 불가능하다. 그만큼 그는 우리 시조시단의 중책들을 하나하나 수행해가면서도, 자신만의 미학적 고갱이를 숱하게 남김으로써 한국 시조사의 거목으로 우뚝 남았던 것이다. 이번 시조집에서는 차분하게 공동체적 역사와 개인적 실존을 사유하고 표현하는 잔잔한 기록을 다수 담아냈는데, 말하자면 오랜 역사의 흔적을 탐사하는 고고학적 열

정과 함께 자기표현의 정직성을 농밀하게 보여준 것이다. 그럼으로써 시인은 역사에 다가서는 방법론에서는 잊힌 외곽과 주변에 대한 가열한 탐구를 보여주고, 실존적 고백의 측면에서는 진정성의 한 정점을 우리에게 들려주고 있는 것이다. 그리고 그러한 탐구와 고백이 투명한 언어적 의장意匠에 감싸여 있을 때, 우리는 시조가 얼마나 예술적으로 승화할 수 있는지를 뚜렷한 실례로서 목도하게 되는 것이다.

2.

그동안 민병도 시인이 공들여 형상화해온 것은, 우리의 지리적, 역사적, 정신적 흔적들이었다. 우리 모두의 일종의 '집단 기억'을 그만의 개성적 필법으로 아름답고 섬세하게 펼쳐 보여준 것이다. 여기서 우리는 과연 그에게 이러한 지리적, 역사적, 정신적 흔적들이 어떤 의미를 띠고 있을까 하는 질문을 하게 되는데, 우리가 생각하기에 그것은 흔하게 만나보는 유랑 의식의 상관물도 아니고, 순수한 실증적 대상도 아니고, 오히려 시인 자신의 사유와 감각의 기원origin을 암시하는 상징적 의미를 띤다고 말할 수 있을 것이다. 먼저 다음 작품을 읽어보자.

싸락눈 사각사각 먹물마저 얼어붙어
꼭두서니 깨워주던 새소린들 들렸으랴
적막에 턱을 괴고서 잠 못 드는 섬 하나

분노야 내려놓으면 달빛처럼 가벼워서
소나무 늙은 그림자 빈 초당을 기웃대고
물결도 울음을 삼켜 수평선 베고 눕는다

해는 하마 중천인데 마음 아직 캄캄하여
촛불을 켜는 대신 마른 붓을 달래는가
먼 바다 건너온 바람, 먹빛 앞에 푸르다

떠나오지 않았으니 돌아갈 곳도 없어
유마경 덮어놓고 혼자 읽는 불이법문,
모슬포 저문 바다에 붉은 눈이 내린다

—「세한도歲寒圖」 전문

'세한도'는 추사 김정희가 제주도에서 제자인 이상적에게 그려 보낸 그림으로서, 소나무와 잣나무의 뚜렷한 절조節操와 기품이 단연 으뜸인 명품이다. 민병도 시인은, 그 스스로 화백畫伯으로서의 경험과 정체성을 중첩시키면서, 추사 생애의 한순간을 선명한 삽화로 만들어낸다. 가령 이 작품에서는 추사의 행적이 선연한 필법으로 그려지고 있는데, 시인은 먹물마저 얼게 하는 싸락눈 내리는 적막한 겨울날에 잠 못 이루었을 "섬 하나"를 상상한다. "소나무 늙은 그림자"가 "뼛속에 울음을 가둔/붉은 경전 한 구절"(「소나무」)처럼 빈 초당을 기웃대는 곳에서, "촛불을 켜는 대신 마른 붓을" 달래며 "먼 바다 건너온 바람"을 먹빛으로 추슬렀을 추사를 마음 깊이 떠올려보는 것이다. 그렇게 추사는 저물어가는 모슬포 바다에서 혼자 읽는 불이법문不二法門의 지경에 이르렀던 것이 아니겠는가. 이때 바닷가에 내리는 "붉은 눈"이야말로 추사의 분노와 슬픔과 예술혼이 함께 어우러진 상관물이 아닐 수 없을 것이다. 거기에는 "먹물로 새벽을 깨우는/서슬 퍼런 길"(「자로字路 – 면암勉庵 생각」)이 있고, "새벽을 깨우던 새소리"(「호루라기」)가 가장 예리하고도 부드러운 예술적 자의식으로 숨 쉬고 있었을 것이다. 여기서 '세한도'가 민병도 시인이 쓰고 있는 '시조'와 유추적 등가를 이루고 있음은 췌언의 여지가 없을 것이다. 이처럼 시인은 역사의 한순간에서 자신의 실존적 자의식을 떠올려보기도 하고, 자신의 존재론적 기원을 이루는 집단기억을 채굴해가기도 한다. 다음 시편 역시 그러한 상징적 자장 안에서 아름답게 펼쳐지고 있다.

허구한 날 풍랑에 찢겨 빈 배로 돌아오던
아버지의 화풀이도 병상에서 끝이 났는지
한 생애 오롯이 품을 피리를 깎으셨다

입을 잠가 몸 비우고 말리기를 석 달 열흘,
이윽고 피리구멍처럼 붉은 구멍이 뚫리고
아무도 들어본 적 없는 금빛 소리가 새나왔다

때맞춰 마른번개가 지나는가 싶더니
천 길 고요 안에 향기로운 잠이 오고
아버지 낮게 웅크려 하얀 바람이 되셨다
—「만파식적萬波息笛」 전문

잘 알려져 있듯이, '만파식적'은 신라시대 전설에 나오는 피리로서 원명은 '만만파파식적萬萬波波息笛'이다. 신문왕이 해룡이 된 문무왕과 천신天神이 된 김유신으로부터 대나무를 얻어 만든 피리라고 전해지고 있다.

이 피리를 불면 적군이 물러가고 병이 나으며 가뭄이 해소되고 바람 불 때 물결이 평온해졌다고 한다. 소리로써 천하를 다스리고 화평하게 하며 모든 물결을 쉬게 하는 이러한 '만파식적'의 상징은, 고스란히 우리 삶에서 평화와 화해의 움직임을 환기하는 맞춤한 예증이 되어왔던 것이다. 시인은 이러한 배경 설화를 활용하여 '아버지'를 애틋하게 호명한다. 아버지는 "풍랑에 찢겨 빈 배로 돌아오던" 생애를 통해 "오롯이 품을 피리"를 깎으시는 모습으로 남아 계시다. "피리구멍처럼 붉은 구멍"으로부터 새어나오는 "아무도 들어본 적 없는 금빛 소리"를 따라 아버지는 "하얀 바람"이 되셨는데, 이처럼 시인은 '만파식적' 설화를 애잔한 가족사의 한 컷으로 변용하면서 그것이 얼마나 보편적인 사람살이의 형상으로 이어질 수 있는지를 설득력 있게 보여준 것이다. 이때 비로소 우리는 민병도 시조가 "적막 두 평"(「일지암」)의 양식 안에 커다란 우주적 스케일을 품어내고 있으며, 나아가 "하얗게 잠 못 이룬 적소謫所"(「겨울강에서」)를 향하고 있음을 알게 된다. 이렇듯 그에게 역사적 상징이란, 오랜 시간을 탈환하는 상징적 거소居所가 되고 있는 것이다. 그리고 이러한 의식은 다음과 같은 산문에서 거듭 환하게 발견된다.

삶의 긴 여정에서 길을 잃을 때마다 지나간 역사에서 길을 찾곤 한다. 물론 역사적 사실을 지식으로 읽어 사전처럼 머릿속에 저장해둘 요량은 아니다. 사안별로 내재된 동기와 결과가 주는 지혜를 통해서 새로운 방향성과 에너지를 얻기 위함이다. 초의선사의 선수행이나 다산 선생의 학문적 실천행은 아무나 흉내낼 수 있는 범위가 아니다. 다만 나태해진 육체와 흐려진 정신의 채찍으로 삼고 싶은 까닭이다.(「시작노트」, 《시조21》 2017년 봄호)

민병도 시인은 '세한도'와 '만파식적'이라는 역사 상징을 빌려 "삶의 긴 여정에서 길을 잃을 때마다 지나간 역사에서 길을 찾곤" 했던 자신의 의지를 재차 확인하고 있다. 이때 그에게 '역사'란 사전에 담긴 메마른 지식이 아니라 "지혜를 통해서 새로운 방향성과 에너지를" 주는 확연한 지남指南이 되어준다. 추사는 물론, 초의선사나 다산이나 면암 같은 이들이 그러한 소중한 목록을 이루고 있는데, 이들은 시인에게 "나태해진 육체와 흐려진 정신의 채찍"이 되어주고 있는 것이다.

우리가 잘 알듯이, 역사를 망각하고 앞으로만 나아가는 '속도 지향성'은 우리가 의식하지 못하는 사이에 우리 삶의 폭력적 에토스ethos가 되어버렸다. 하지만 민병도 시인은 오랜 물리적 시간을 천천히 거슬러 오르면서, 예의 속도 감각과는 정반대편에서 서서히 흘러온 역사적 자장을 탐색해간다. 그럼으로써 주변으로 밀려나 있던 중요한 순간들을 상상하게 해주고, 속도 반대편에 낮은 목소리로 발화하는 소중한 역상逆像들을 회복시켜준다. 마치 시간의 예리한 칼날이 오랜 무의식을 일깨우듯이, 우리가 잊고 살았던 역사의 기품을 새롭게 경험하게 해준 것이다. 그렇게 '역사'는 시인의 양도할 수 없는 시적 수원水源이 되고, 그만의 사유와 감각의 기원이 되고, 민병도 특유의 독자적 브랜드가 되고 있는 것이다. 참으로 깊고 융융하다.

3.

다음으로 우리는 민병도 시학의 이러한 역사적 감각을 따라가면서, 탁월한 인물들의 존재론이 가져다주는 일종의 원형심상들을 여러 곳에서 발견하게 된다. 예컨대 그가 노래하는 존재론적 풍경은, 아름다웠던

지난날에 대한 감상적 추억이나 나아질 미래에 대한 열렬한 희망을 향하고 있지 않다. 다만 시간의 오랜 흐름과 함께 차츰차츰 지워져가는 삶의 가치와 속성에 그 감각이 바쳐지고 있다. 그래서 민병도 시인은 사물의 존재 형식을 새롭게 바꾸려는 지적 모험을 감행하지 않으면서, 사물의 심층에서 진행되는 삶의 형식을 투시하고 표현하려는 남다른 욕망을 일관되게 보여줄 뿐이다. 이렇게 깊이 관찰되고 표현된 삶의 형식을 통해 처연한 존재론에 다가서는 그만의 시작詩作 과정을, 우리는 다음 표제시편을 통해 들여다볼 수 있다.

길을 들고 길을 떠돈, 그는 바람이었다
필사본 책갈피에 붓 한 자루 끼워 넣고
궐밖에 대꽃 피는 날 돌아오마 떠난 바람

벼룻물에 달이 뜨면 매화꽃이 필거나
먹장삼 덧껴입은 용장골 빈 새벽에
불 꺼진 낯선 왕조의 촛대로나 잠시 앉은

어쩌면 처음부터 놓쳤는지도 몰라라
창칼로는 갈 수 없는 신화와 늙은 짚신

꿈이야 뜬다만 실밥, 끊어져서 쌓인다

풍경이 울어울어 눈은 자꾸 내리는데
도열한 댓잎사이로 마음 먼저 떠나간다
먹물이 마르지 않은 책 한권 남겨두고
—「바람의 길 – 용장사에서」 전문

'용장사'는 매월당 김시습이 『금오신화金鰲新話』를 집필한 곳으로 알려져 있다. 시인은 이곳에서 '바람의 길'을 걸었던 매월당을 생각하고, 자신이 걸어갈 '바람의 길'까지 상상해본다. 매월당은 말하자면 "길을 들고 길을 떠돈" 바람이었는데, 이처럼 "필사본 책갈피에 붓 한 자루 끼워 넣고" 떠난 '바람'은, '매월梅月'처럼 "벼룻물에 달이 뜨면 매화꽃이 필" 곳에서 "창칼로는 갈 수 없는 신화"를 찾아갔던 것이다. "먹물이 마르지 않은 책 한 권"을 남긴 채 떠나간 그의 길은 그렇게 자유롭고 매서우며 허허로운 '바람의 길'이었던 것이다. 그래서 '바람의 길'은, 장자가 말한 '허실생백虛室生白', 그저 텅 비어 있는 것이 아니라 만물의 이치를 포괄하는 흰 빛이 살아오는 공간으로 거듭난다. 그리고 그곳은 인간이 소극적으로 마련해두었던 실존적 둔피처遁避處가 아니라, 삶의 궁극적 펼침을 가능하게 했던 지극한 성소聖所였던 셈이다. 나아가 그 길은 "생각을 내려놓으면 마음은 만리장천"(「소쇄원」)이고, "잎새마다 일어서는/역심逆心을 주저앉히고"(「묵죽墨竹」) 쓴 기록을 남긴 예술적 경로이기도 했던 것이다. 이렇게 '바람'의 원형심상을 마련한 시인은, "눈물로 길"(「용장사 마애불」)을 물어가면서, 그 원형심상의 외연을 차츰차츰 넓혀간다.

생각마다 때가 묻어
붓을 놓고 뜰에 서면

기다린 듯 덧칠하는
가을 바람 고운 붓질,

화법畵法을 버리고서야
장탄식을 얻는구나.
—「바람 화법畵法」 전문

물에 밟혀 부서진 길
온몸으로 껴안고서

아픈 우리 이야기를
풀었다가 다시 조이며

가다간 울음도 섞어
키 낮추는 저 노래
—「강의 법문」 전문

이번에는 바람 '화법'이다. 물론 여기서 '화법'이란 '畫法'이자 '話法'이기도 할 것이다. 생각에 때가 묻곤 할 때 시인은 붓을 놓고 뜰에 선다. 그 순간 "기다린 듯 덧칠하는/가을 바람"의 "고운 붓질"이야말로 새로운 그림을 그려갈 "화법畫法"을 시인에게 선사해준다. 그것은 버리고서야 비로소 얻는 역설의 구조를 띠고 있지만, 시인으로서는 새롭게 예술적 개진을 이루어갈 화법話法을 그것으로부터 얻는 셈이다. 그런가 하면 "물에 밟혀 부서진 길" 역시 '바람의 길'의 변주로서, "아픈 우리 이야기를/풀었다가 다시 조이며" 울려오는 '법문法文'이 되는 과정을 함축한다. 그야말로 "울음도 섞어/키 낮추는 저 노래"가 법문처럼 울려오는 것이다. 그렇게 시인이 걷는 새로운 '화법'과 '법문'

의 길은, 위에서 본 '바람의 길'처럼, "천 리 먼 길 물의 감옥"(「지심도 동백」)을 지나 "자꾸만 제 몸 되밟아 길을 내는 물소리"(「물소리 법문」)로 몸을 바꾸어간다. 이처럼 민병도 시인의 궁극적 관심은, "스스로 깊어지는 나무들의 긴 그림자"(「수성못 시편」)처럼, '바람'이나 '강' 같은 원형심상에 실린 자유로운 예술적 의지에 있는 것이다. 결국 민병도 시조는 오랜 시간에 대한 경험적 재구성이라는 서정 양식의 특성을 띰과 동시에, 우리 시조의 가장 원형적인 기율과 방법을 산뜻하게 보여준다고 할 수 있을 것이다. 그만큼 시인은 견고한 정형미학 속에 자신만의 경험과 정체성을 투사投射하면서 존재론적 상승을 이루어간다. 이러한 의지와 실천이야말로 실존적이고 과정적인 존재자들이 겪는 물리적 시간을 뛰어넘을 수 있는 예술적 방법론이기도 하고, 전혀 다른 생성적 과정을 상상해갈 수 있는 미학적 축이기도 할 것이다. 우리는 민병도 시학의 원형적인 모험과 굴착의 의지가 바로 여기에서 발원한다고 말할 수 있을 것이다.

4.

다음으로 우리는 이번 시조집에서 심미적 함축으로

무장한 민병도의 단수 미학을 여럿 만나게 된다. 그의 구심적 형식 의지가 이로써 충분히 입증된다 할 것이다. 우리가 단수를 통해 기대하는 것은, 삶의 이치를 직관하는 찰나적인 에너지와 관련된다. 사실 단시조 안에 소소한 삶의 세목들이 일일이 담기는 것은 거의 불가능하다. 하지만 그 그릇이 작음에도 불구하고, 단시조는 삶의 이치를 직관함으로써 새로운 감각을 생성하는 데 충실한 역설의 토양이 되기도 한다. 말할 것도 없이, 단시조가 수행하는 이러한 직관과 해석의 과정은 삶의 구체적 과정을 품으면서 이루어지게 마련인데, 우리가 단시조를 통해 기대하는 것 역시 이러한 직관과 온축의 과정을 거쳐 시인 자신의 오랜 긍정의 세계로 나아가는 과정에 있을 것이다. 아닌 게 아니라 민병도 시편은 이처럼 단시조에 심미적이고 함축적인 정서를 깊이 담음으로써 가장 정제된 세계를 미학적으로 체현해낸다. 또한 그 세계는 아름답고 웅숭깊은 언어를 필수적 원리로 삼고 있다. 다음 시편들을 읽어보자.

시작도 끝도 없이
다가서면 더욱 모를

너와의 거리만큼
아니 간 듯 지나친 듯

함부로 넘겨짚었던
읽다 만 편지 한 줄
—「수평선」 전문

하루치 짐을 부린
빈 배가 되고 싶다

바람이 올라타면
대금 하나 꺼내놓고

달빛이 내려앉으면
가얏고를 펼치는
—「빈 배」 전문

이 아름다운 시편들 속에서 '수평선'과 '빈 배'는 선명한 이미지로 살아나고 있다. 가령 '수평선'은 "시작도 끝도 없이/다가서면 더욱 모를" 타자와의 '거리'를 일깨워주면서, 동시에 "아니 간 듯 지나친 듯//함부로 넘겨짚었던/읽다 만 편지 한 줄"로 비유되고 있다. '한 줄'이 수평성과 물리적 등가성을 가지는 비유라면, '다가서면 더욱 모를'이나 '아니 간 듯 지나친 듯'은 수평선의 아득함을 통해 '너'와의 불가피한 거리를 알려주는 비유일 것이다. 그런가 하면 뒤의 시편에서 '빈 배'는, 마음 속에 짐을 부린 채 "바람이 올라타면/대금 하나 꺼내놓고//달빛이 내려앉으면/가얏고를 펼치는" 꿈을 가지게끔 해주는 비유적 사물로 나타나고 있다. '배' 이미지는 가령 "별빛을 싣고/뒤척이는 폐선 한 척"(「폐선 2」)으로도 나타났거니와, 시인은 이처럼 낡거나 비어 있는 이미지를 통해 마음속 고요와 자유로움을 그리고 있다. 단수 속에 들어선 그만의 고요와 평화가 아늑하고 아득하다.

손잡아 주지 않아
지치고 불안해도

고개를 숙이거나
함부로 주저앉지 마라

아직도 수많은 봄이
네게 남아 있으니
—「아직도, 꽃」 전문

진달래 환한 날에
슬픔마저 환한 날에
읽던 경을 물리고
목을 빼고 앉은 부처,
저만치 인기척에 놀라
가부좌를 고친다
—「봄, 마애불」 전문

이번에는 '꽃'과 '봄'이다. "아직도 수많은 봄이/네게 남아 있으니"라고 '꽃'을 호명하고 있는 시인은, 삶의 고단함에도 불구하고 "고개를 숙이거나/함부로 주저앉지 마라"고 우리 모두에게 권면한다. '아직도'라는 부사가 그러한 삶의 불가피하고 역동적인 의지를 잘 드러내준다. 또한 민병도 시인은 진달래가 환하게 피어 "슬픔마저 환한 날"에 경전마저 물리고 "목을 빼고 앉은 부처"의 모습을 통해 봄날이 가지는 생성적 풍경을 잘 보여준다. 여기서 부처는 "저만치 인기척에 놀라/가부좌를 고친" 모습을 하고 있는데, 만물의 생성적인 화응和應 과정이 잔잔하고도 화해롭게 반사되고 있다 할 것이다. 이러한 풍경들은, "너는 견줄 데 없는, 눈부신 꽃 한 송이"(「한때 꽃 2」)에서처럼, 시인의 빼어난 관찰과 표현의 역동성에서 이루어져가고 있다. 이 또한 단아한 형식 안에서 큰 숨을 쉬고 있는 우주적 이법의 한 형상일 것이다.

세상의 모든 꽃이
내 것일 필요는 없다

세상 모든 사람이
다 내 편일 필요도 없다

눈 감고
서로를 보는
너 하나도 너무 많다.
—「오직 한 사람」 전문

네가 떠난 자리
이름 모를 씨앗 하나

물 한 방울 없어도
가슴 한켠 뿌리내려

비라도 내리는 날엔
잎이 자라 파랗다
—「그리움」 전문

이번에는 일종의 2인칭 시편들이다. 이는 부재하거나 사랑하는 대상에 대한 지극한 열망을 담음으로써, 우리로 하여금 '부재-열망'이 얽힌 구조를 통해 사랑이 어떻게 완성되는가를 경험하게끔 해주는 실례들이다. 시인은 '오직 한 사람'을 향한 가없는 사랑을 노래하는데, "세상의 모든 꽃"이나 "세상 모든 사람"이 아니라 "눈 감고/서로를 보는/너 하나"로도 우주가 가득 차 있음을 새삼 고백하고 있다. 충일하고 빽빽한 사랑의 마음이 그 안에 담겨 있다. 그런가 하면 시인은 "네가 떠난 자리"에서 "이름 모를 씨앗 하나"를 발견하기도 한다. 그 씨앗이 물 한 방울 없는 곳에 뿌리를 내리고, 비라도 오면 푸른 잎을 뻗어가는 과정 자체가 시인의 그리움을 선연하게 보여주는 것이다. 말하자면

"저 멍든 그리움조차 저며 오는 칼날"(「나팔꽃 시편」)이 되어가고 있음을 노래하는 것이다.

이처럼 민병도 시인은 우리의 삶을 규율하는 근본 조건 예컨대 인간의 의지나 노력으로는 어찌할 수 없는 '사랑'과 '그리움'을 노래하는 서정시인이다. 곧 삶의 본원적 형식인 사랑과 그리움을 불러들여 존재론적 서정을 지속적으로 완성해가고 있는 것이다. 그 심미적 결실로 얻어진 존재론이 이번 시조집의 압권으로 다가온다. 이러한 사랑과 그리움의 언어는, 오랜 내력으로 민병도 시조 안에 흐르고 있고, 시인은 그 속에 흐르는 사랑이 그리움을 낳고 또 그 그리움이 사랑으로 이어지는 끊임없는 회감回感 과정을 완성하고 있는 것이다. 마치 뫼비우스의 띠처럼, 그렇게 사랑과 그리움을 잇는 과정이 이번 시조집을 관통하고 있다. 이 모든 것이 단수 미학을 통해 이루어지고 있다는 점이, 민병도 시조의 예술성과 형식 의지를 분명하게 알려주고 있는 것이다.

5.

다음으로 민병도 시학의 또 다른 주제 역域인 '자연'과 '예술'을 읽어보도록 하자. 잘 알려져 있듯이, 시조를 포함한 문학은 모두 시간예술이다. 특별히 시조는 시간의 흐름에 의해 완성되는 경우가 많다는 점에서 시간예술로서의 속성을 더 확연하게 보여준다. 하지만 생각을 달리 하면, 시조가 시간 자체를 대상으로 하는 예술이라는 측면에서도 그러한 진술은 가능할 것이다. 시조를 삶의 순간적 파악에 기초한 예술로 생각한다고 해도 사정은 변하지 않는다. 그 순간이란 오랜 시간의 흐름이 온축되어 있는 '충만한 현재형'일 테니까 말이다. 민병도 시인은 이러한 충만한 현재형을 통해 오랜 시간의 흐름을 성찰적으로 재구再構하면서, 이를 통해 삶의 보편적 이법理法을 탐구하는 고전적 열정을 아름답게 보여준다.

새하얀 도화지에 줄을 긋고 칠을 합니다
낯선 새 한 마리 포릇포릇 날아와서
숨겨온 긴 목청 뽑아 봄을 불러냅니다

새소리 사이사이 맑은 냇물 흐릅니다
그 냇물 따라가면 풀꽃 고운 작은 마을
동구 밖 마중 나오신 어머니가 있습니다

우리들은 크레파스, 색도 꼴도 다릅니다
서로의 빈자리를 알록달록 채우다보면
세상엔 없는 나라가 꽃등 환히 켭니다
—「크레파스」 전문

'크레파스' 역시 '화백 민병도'의 예술적 자의식을 비유적으로 보여주는 뚜렷한 제재일 것이다. 하얀 도화지에 줄을 긋고 칠을 하니까 "낯선 새 한 마리"가 날아와 "숨겨온 긴 목청" 뽑아 봄을 불러내고 있다. '새소리'와 '냇물'을 따라가면 작은 마을 동구 밖에 '어머니'가 서 계신다. '크레파스'처럼 색도 꼴도 달랐던 "우리들"은 "서로의 빈자리를 알록달록 채우다보면/세상엔 없는 나라"가 꽃등 환히 켜진다고 상상했었을 것이다. 시인의 어린 시절을 연상케 하는 작품이 아닌가 한다. 그 순간 우리는 모두 "창가에 몰래 두고 간//어머니의 짧은 편지"(「봄비」)를 떠올리고, "이 밤 또 눈시울 붉혀/달문을 연 어머니"(「달문」)를 반가이 만나기도 한다. 이처럼 자연과 예술이 지극하게 어울려 있는 애잔한 풍경의 극점이 아름다운 시간예술로 반짝이고 있는 것이다. 다음 시편은 그렇게 자연과 예술을 하나로 통합한 상상력의 현장으로 기억해둘 만한 빼어난 가편佳篇이다.

눈 밝은 사람조차 요량할 수 없는 날에
반도의 정연한 뼈 서쪽으로 눕혀놓고
가슴에 서늘히 닿아 옷을 벗은 강이 있다

홀연히 나선 길에 꺾어지길 수수만년
낮게낮게 엎드려서 자존마저 짓밟아서
사람과 마을 사이를 가로질러 흐르는 강

막히면 돌아가서 다시 외는 경전처럼
뉘에게도 이기지 않고 뉘에게도 지지 않는
모두가 눈으로 보면서 아무도 보지 못한 강

더러는 고운 새와 붉은 꽃의 유혹에도
찰나의 미동도 없이 눈길 주지 않은 채
돌아서 아픈 시간을 몰래 닦는 강이 있다
—「낙동강」 전문

낙동강은 영남지방의 대동맥으로서 삼한시대부터 그곳 역사와 문화의 상징이 되어주었다. 시인은 "반도의 정연한 뼈"를 서쪽으로 눕힌 채 오래도록 낮게 엎드리면서 "사람과 마을 사이를 가로질러 흐르는 강"을 바라보고 있다. "막히면 돌아가서 다시 외는 경전"처럼 낙동강은 "뉘에게도 이기지 않고 뉘에게도 지지 않는" 세월을 완강하게 이어왔다. 이러저러한 유혹에도 눈길을 허락하지 않은 채 "돌아서 아픈 시간을 몰래 닦는" 시간을 가져왔던 것이다. 거기에는 "함부로 잠들지 않는 영원한 아침"(「독도」)이 있고, "날마다 숨결 뜨거운 뼈"(「이상화」)를 되새기는 시간이 있다. 그렇게 자연과 예술과 역사가 한 몸을 이루는 상관물로 '강'은 흐르고 있는 것이다.

우리가 알거니와, 시조 전통에서 자연 형상을 통해 삶의 이법을 궁구하고 표현하는 것은 매우 보편적인 방식이었다고 할 수 있다. 이때 자연 형상은, 인간과 자연이 근원적 관계를 맺고 있다는 생생지리生生之理의 관점을 내보이면서, 인간과 자연 사이의 관계론을 지속적으로 보여주는 방향으로 진행되어왔다. 이러한 관점을 통해 우리는 자연 전통이 얼마나 낯익은 것인지를 어렵지 않게 알 수 있다. 그만큼 자연은 원형성, 보편성, 직접성 등을 핵심적 속성으로 거느리면서 시조의 경험 속에 광범위하고도 근원적으로 녹아 있는 소재이자 형상이 아닐 수 없었던 것이다. 민병도 시학에서 자연은 이렇게 예술적 자의식과 결합하여 아름답고 유장한 흐름을 가진 형상으로 거듭나고 있는 것이다.

6.

우리가 천천히 읽어온 것처럼, 민병도 시조는 '역사'와 '자연'과 '예술'에서 길어올린 정형미학의 한 극점을 보여주었다. 아닌 게 아니라 이러한 시조 의식은 다음 산문에 잘 나타나 있다.

돌이켜 생각해 보면 내가 시조를 선택한 데는 아마도 전공인 한국화가 지닌 정신적 동질성 같은 것이 작용하지 않았나 싶다. 우리의 자연을 스케치하고 필법을 공부하면서 가장 먼저 인지할 수 있었던 부분은 '자연이 지닌 놀라운 질서'였으니 말이다.

우리가 살아온 자연은 봄이 오되 정해진 날이 없고 날을 정하지는 않았지만 한 번도 겨울을 건너가는 법이 없었다. 어쩌다 강이 넘치지만 이내 제 길을 찾아 흘러가고 산은 산대로 일정한 기골과 근육을 지니고 있었다. 필법은 필법대로 과거를 통하여 미래를 열어 갔고 의식은 의식대로 보편적 가치를 그르치지 않았다. 그것은 묶지는 아니하되 벗어나지도 않는 위대한 질서였다.

이 같은 질서에 대한 이해는 자연히 형식에 대한 이해로 이어지고 우리 자연환경이 창출해 낸 민족시에 대한 신뢰로 귀결되었는지도 모른다. 말하자면 우리가 꿈꾸어 온 무한자유에 대한 허구성과 불안함을 동시에 느끼게 되었을지도 모른다. (「시조를 통한 수신修身 그리고 소통과 화해」, 《유심》 2011년 7 · 8월호)

시인은 '한국화'와 '시조'의 "정신적 동질성"에 바탕을 둔 "자연이 지닌 놀라운 질서"를 발견해간다. "필법은 필법대로 과거를 통하여 미래를 열어 갔고 의식은 의식대로 보편적 가치를 그르치지 않았다."는 그 위대한 질서야말로, 민병도의 오롯한 시법詩法이자 화법畫法이었을 것이다. 그러한 '질서'에 대한 이해가 '형식'에 대한 이해로 이어지면서, 시인은 정형성을 핵심으로 하는 시조에 대한 신뢰로 자신의 삶을 귀결해간 것이다. 이러한 양식적 자각은 아무나 흉내 낼 수 없는 진정성을 바탕으로 하면서도, 한편으로는 민족 시형을 통해 근대의 역상逆像을 드러내려는 그의 예술적 의지를 충실하게 반영하고 있다 할 것이다. 그래서 우리는 민병도 시조를 통해 구체적 시공간에서 빚어진 사람살이의 양상을 사실적으로 경험하면서, 동시에 근대의 폭력성에 의해 밀려난 경험적 실재들을 아득하게 바라볼 수 있게 될 것이다. 민병도 시조는 관념으로 직핍하지 않고 그 안에 사물의 구체성과 결합된 삶의 형식을 품어내고 있는데, 이때 우리는 시조야말로 이러한 과제를 완성할 수 있는 둘도 없는 양식임을 알게 된다. 민병도 시학은 그러한 예술적 생성 원리를 매우 전형적으로 구현하고 있다 할 것이다.

결국 이번 시조집은 민병도의 시적 생애에서 매우 중요한 결절점의 위상을 점해갈 것이다. 이는 시인 자신의 존재론적 기원과 삶의 깊이 그리고 지속되어야 할 사랑의 마음이 그 안에 아름답게 담겨 있기 때문이다. 이는 아프게 통과해온 지난 시간들에 대한 각성과 치유의 기록이자, 지상의 존재자들을 향한 지극한 사랑의 마음을 토로하는 고백록이자, 앞으로 펼쳐질 삶에 대한 실존적 의지를 담은 예술적 자의식의 출사표이기도 하다. 이처럼 시인은 자신의 기원과 사랑의 탐색을 통해 아름다운 실존적 의지에 가 닿으면서, 우리에게는 진정성 있는 주체가 들려주는 자기 탐색의 목소리를 하염없이 듣게끔 해주고 있다. 그래서 우리는, 민병도 시학의 이러한 빛나는 속성들이 더욱 심화되어가면서, 한국 현대시조의 우뚝한 입상立像을 세워가는 미학적 견인차가 되기를, 마음 깊이, 소망하게 되는 것이다.

07

작가연보

민병도 연보

민병도 연보

1953년 경북 청도군 청도읍 원정리 1215에서 아버지 閔元植 씨와 어머니 吳德順 씨 사이에 장남으로 태어남

1970년 청도의 모계고등학교에 입학하면서부터 시 쓰기, 소설 쓰기, 그림그리기를 병행함

1972년 독자적인 문학의 길을 가겠다는 포부로 영남대학교 미술대학에 입학하여 대학신문과 《영대문화》에 「烏罟峯 늙은이」를 비롯한 소설을 발표

1973년 대학 2학년 때 酉山 민경갑 선생을 만나면서 전공을 한국화로 정하고 丁芸 이영도 선생을 만나 시조공부를 시작함

1974년 대학 3학년 때 대학 내 문예반을 조직하고 반장을 맡았으며 『시문학』 주최, 전국 대학생 에세이 모집에서 당선함

1975년 『현대시학』에서 「낙엽기」로 추천을 받음. 3학년 재학 중 제1회 경상북도 미술 대전에서 특선을 하고 4학년 때는 대한민국미술전람회(국전)에서 입선함

1976년 《한국일보》 신춘문예에 시조 「마을」이 당선됨. 영남대학교 미술대학을 졸업하고 〈한국시조시인협회〉, 〈洛江〉 동인으로 가입하여

활동함

1977년 벽지학교인 청송군 부동면의 부동중학교 발령을 받음

1978년 백수 정완영 선생의 권유로 《시문학》지에 「기러기」로 천료

1980년 중등학교 교사인 李明淑과 결혼, 딸 珍蕙가 태어남. 영양 일월중학교를 끝으로 교직생활을 청산하고 안동에서 본격적인 藝人의 길로 들어섬

1981년 영남대학교 대학원을 졸업하고 제8회 경상북도 미술대전에서 동상을 수상함

1982년 영남대학교 강의를 시작으로 안동대학교, 대구예술대학교, 대구대학교 대학원 등에서 미술사와 한국화 실기를 지도함

1983년 아들 志完이 태어남. 경상북도 미술대전에서 금상을 수상하고 경상북도 지원으로 첫 번째 전시회를 안동에서 가짐

1984년 노중석, 문무학, 박기섭, 이정환 등과 〈五流同人〉을 결성하고 창간호 『바람도 아득한 밤도』를 펴냄. 이후 1994년 제10집 『산밑에 와서』와 『五流선집』을 펴내기까지 활동. 경상북도 미술대전에서 동상을 수상하고 추천작가로 위촉됨

1985년 등단 10년을 정리하여 첫 시집 『雪싹의 버들피리』(흐름사)를 펴냄

1987년 7년간의 안동생활을 정리하고 대구로 생활터

전을 옮김

1989년 두 번째 시집이자 자유시집인 『숨겨둔 나라』(나남출판사 기획)를 문예진흥기금으로 펴냄. 대구광역시 미술대전의 초대작가

1991년 세 번째 시집 『갈 수 없는 고독』(동학사)를 펴냄. 제4회 개인전을 대구 송아당화랑에서 가지고 약 한 달 가량의 중국 문화기행에서 전통문화와 대륙문화에 대해 새롭게 접근함. 〈이호우문학기념회〉의 발족과 함께 업무를 총괄하고 시조전문지 《開花》의 편집 주간을 겸임함. 제1회 한국시조작품상을 수상함

1993년 제5회, 제6회 개인전을 가지고 〈대구현대한국화회〉를 창립, 1~3대 회장을 역임함

1994년 네 번째 시집 『無常의 집』(그루출판사 기획)를 펴냄

1995년 다섯 번째이자 자유시집인 『만신창이의 노래』를 박우사 기획으로 펴냄

1996년 제8회 개인전을 갖고 '문학의 해'와 등단 20년을 정리하기 위하여 시조선집 『地上의 하루』(송정출판사)를 펴냄

1997년 장편시조집 『不二의 노래』(송정출판사)를 펴냄. 『시문학』등에서 月評을 쓰고 시조동인 〈한결〉을 지도함. 제15회 丁芸 이영도시조문학상을 수상함

1998년 열 번째 한국화 개인전을 서울과 대구에서 가지고 시화집 『梅花 홀로 지다』(송정출판사)를

펴냄. 제1회 대구시조문학상을 수상함

1999년 한국미술협회 대구광역시지회장에 피선됨. 여덟 번째 시집 『섬』(송정출판사)을 펴냄

2000년 창작의 산실인 〈木言藝苑〉을 개원함. 중국 돈황 기행. 대한민국 미술대전 심사위원을 역임함. 제11회 한국화 개인전을 동아미술관 초대로 가짐

2001년 우리시대 현대시조 100인선으로 『청동의 배를 타고』(태학사)를 펴내고 제20회 중앙시조대상을 수상함. 대구 동원화랑에서 제12회 개인전을 가짐. 새로운 시조문학의 토양을 확보하기 위하여 순간지 형태의 시조잡지 《시조21》을 창간함

2002년 한국문화예술원 지원으로 아홉 번째 시집 『슬픔의 상류』(동학사)를 발간하고 아울러 평론집 『형식의 해방공간, 그 실험의지』(목언예원)를 펴냄. 민병도시조낭송 CD를 제작하고 서울 예술의 전당에서 13회 개인전을 가짐

2003년 제1회 월간문학 〈동리상〉을 수상하고 대구시조시인협회 회장에 추대됨. 대구 대백프라자 갤러리에서 열네 번째 개인전을 갖고 화집 『흐르는 강물처럼』을 펴냄

2004년 열 다섯 번째 개인전을 중국 남경 〈강소성국화원〉 초청으로 개최함. (사)한국미술협회 부이사장에 피선됨. 청도시조공원조성 추진위원장에 위촉됨

2005년 문예진흥원의 지원으로 열 번째 시집 『마음 저울』(목언예원)과 수필집 『고독에의 초대』를 간행함. 제16회 개인전을 대백프라자 갤러리에서 가짐. 청도시조공원을 기획함

2006년 제26회 가람시조문학상을 수상함

2007년 제17회 개인전을 대백프라자갤러리에서 가졌으며 대한민국미술대전에 운영위원으로 참여함. 가람시조문학상 심사에 참여함

2008년 가람시조문학상 운영위원, 심사위원으로 참여하고 제11시집 『내 안의 빈집』(목언예원)을 간행하고 제18회 개인전을 가짐. 제45회 한국문학상 수상

2009년 제23회 금복문화상(문학부분) 수상. 제1회 백수문학제 및 제1회 이호우 · 이영도 오누이 시조문학제를 기획하고 주관함

2010년 제12시집 『원효』(목언예원), 제2평론집 『닦을수록 눈부신 3장의 미학』(목언예원) 간행. 제19회 개인전을 서울과 대구에서 가짐. 청도문인협회를 창립하고 회장에 추대됨

2011년 한국문화예술위원회 지원으로 제13시집 『들풀』(목언예원)을 발간. 한국문인협회 시조분과회장에 당선. 청도소사랑미술대전, 대구시미술대전 심사위원장 참여. 《시조21》 창간 10주년 기념시화전과 〈민병도갤러리〉 개관 기념전을 가짐

2012년 제2회 김상옥시조문학상 수상. 이호우 · 이영

도문학기념회 회장에 선임. 모산학술재단 이사. 서울과 대구, 부산에서 20회와 21회째 개인전 개최

2013년 두 번째 수필집 『꽃은 꽃을 버려서 열매를 얻는다』(목언예원)와 한국대표명시선 100-『장국밥』(시인생각) 발간. 《시조21》을 계간지로 발행. 청도예총회장에 추대됨

2014년 『민병도 화집』 발간 기념으로 대구에서 22번째 개인전을 갖고 〈미술세계작가상〉 수상 기념전을 서울(미술세계 갤러리)에서 가짐. 16번째 시집 『칼의 노래』(목언예원) 발간, 매일신문, 경상일보, 농민신문 등 신춘문예 심사에 참여함

2015년 (사)한국시조시인협회 이사장에 추대됨. 민병도갤러리 증개축으로 지역사회에 전시장을 제공함. 가람시조문학상, 김상옥시조문학상 심사에 참여

2016년 (사)국제시조협회를 설립하고 이사장에 추대됨. 경상북도와 청도군의 지원으로 〈청도국제시조대회〉를 개최하여 민족시인 시조의 구제화의 길을 모색함. 행사기념문집으로 『고시조 중 · 일 번역집』, 『이영도 육필시조집』, 『이영도 일역시조집』, 『현대시조 300인선집』 등을 간행함. 청도군의 지원으로 〈청도시조공원〉에 현대시조시인 26명의 시비를 건립함. 민병도 제3시조평론집 『비정형의 정형화』(목

언예원) 발간

2017년 중역 민병도시조선집『한 때, 꽃』(목언예원), 민병도동시조집『노을이 긴 팔을 뻗어』(목언예원) 발간

현재, (사)한국시조시인협회 이사장, (사)국제시조협회 이사장, 이호우·이영도시조문학상 운영위원장, 《개화》 발행인, 계간 《시조21》 발행인, 청도시조공원조성 추진위원장, 〈목언예원출판사〉 대표, 〈민병도갤러리〉 대표, 慕山학술재단 이사, 청도우리정신재단 이사